글

역사는 큰별쌤 최태성 | 큰별쌤 최태성 선생님은 한국사를 가르칠 때면 슈퍼 파워를 내뿜는 열정적인 대한민국 1등 한국사 선생님입니다. 우리가 역사를 왜 배워야 하는지, 역사 속 사람들과 어떻게 대화하고 소통해야 하는지를 알려주시죠. 큰별쌤과 함께라면 역사는 더 이상 지루하고 어려운 과목이 아니랍니다. 역사를 웃음과 감동이 넘치는 재미있는 이야기로 만드시는 능력이 있으시거든요. 큰별쌤은 어린이부터 어른까지 한국사를 공부하고 싶은 사람 모두를 돕고 싶다는 마음으로 모두의 별별 한국사 연구소장이 되셨어요. 그리고 EBS와 모두의 별별 한국사 사이트, 유튜브 채널 최태성 1TV와 2TV에서 한국사 무료강의를 선보이고 있죠. TV와 라디오 등 방송을 통해서는 남녀노소 모두를 위한 역사 교양을 살뜰히 챙겨주시며 대중과 소통하고 있습니다.

김지원 | 홍익대 시각디자인과를 졸업하고 방송작가로서 'EBS 세계테마기행', 'KBS 금요기획', 'EBS 다큐프라임' 등 다수의 다큐멘터리와 『태권도 품새의 비밀』, 『조선 최초의 여성사기장 백파선(공저)』, 에세이 『가시이야기』를 집필하고, 현재 프리랜서 방송작가로 활동하고 있습니다.

그림

똥작가 신동민 | 대학에서 만화와 시각 디자인을 공부해서가 아니라 타고난 재치와 천재적인 예술적 감각으로 재미터지는 그림만을 선보여주시는 그림 쟁이. 쓰고 그린 책으로는 『똥까페』, 그린 책으로는 『최진기의 경제상식 오늘부터 1일』, 『용어사회 600』 등 무수한 작품을 배출하였습니다.

감수

모두의 별별 한국사 연구소 | 큰별쌤 최태성 선생님과 역사를 전공한 선생님들이 함께 우리 모두를 위한 별의 별 한국사를 연구하는 곳입니다. 어린이부터 성인까지 재미있고 즐겁게 공부할 수 있는 역사 콘텐츠를 만들기 위해 모두의 별별 한국사 연구소의 불은 밤늦게까지 환하게 빛나고 있습니다.

강승임 | 이화여자대학교 신문방송학과를 졸업하고 동대학에서 교육학 석사 학위를 받은 교육자입니다. 독서와 글쓰기를 주제로 한 다수의 교육서와 어린이·청소년 교양서를 집필한 작가이기도 합니다. 대표 저서로는 『꼬리에 꼬리를 무는 엄마표 독서기차』, 『긍정의 말로 아이를 움직이는 글쓰기책』, 『나만의 독서록 쓰기』 등이 있습니다.

큰★별쌤과 우리 아이 첫 놀이 한국사

못말리는 한국사 수호대 ①

미션: 선사 시대로 숨은 번개도둑을 잡아랏

등장인물

 영상으로 만나는 한국사 수호대

강산

호기심 많은 꼬마탐정

취미 ★ 탐정놀이
특기 ★ 메모하기
아끼는 보물 1호 ★ 탐정수첩

사건의 실마리가 될 만한 사소한 일도 모두 탐정수첩에 적는다.
관찰력이 뛰어나 주위를 잘 살핀다.

머리에 책이 들어있는 듯 똑똑한 명랑 소녀

취미 ★ 책읽기
특기 ★ 궁금한 거 질문하기
아끼는 보물 1호 ★ 만능시계

궁금한 건 절대 못 참는 성격 탓에 역사를 지키고 번개도둑도 잡기 위한 시간 여행을 떠나게 된다.

바다

큰★별쌤

마음이 따뜻한 역사 선생님

취미★ 배부르게 먹기
아끼는 보물 1호★ 이 땅의 모든 아이들

듬직한 성격과 체력으로 침착하게 강산, 바다, 핑이를 보호한다.

덩치는 작지만 용감한 강아지

취미★ 킁킁대기, 먹기
특기★ 달리기, 점프하기, 왈왈 짖어대기
아끼는 보물 1호★ 맛있는 간식

"쾅" 하는 큰 소리를 무서워한다. 번개도둑 냄새에 민감하다.

핑이

번개도둑

보물을 훔쳐 역사를 바꾸는 악당

취미★ 도둑질
특기★ 숨기, 약 올리기
지금 아끼는 보물 1호★ 주먹도끼, 비파형 동검

<u>변덕스러워서 갖고 싶은 보물이 자주 바뀜</u> ☆

번개가 치면 주문을 외우고 순간 이동을 한다. 온몸을 꽁꽁 싸매 정확한 생김새를 아무도 모른다.

오늘은 강산이네 이삿날!
조금 전까지 쨍쨍하던 하늘에서 갑자기 우르릉 쾅쾅 천둥이 쳤어요.
강산이는 얼른 탐정수첩을 꺼내 '이사하는 날. 비와 천둥번개.'라고 썼어요.

그 순간 새로 이사 온 집 2층에서 번개가 번쩍였어요.

"뭔가 이상해. 조사해 봐야겠어."

강산이는 이삿짐을 나르는 엄마 아빠를 두고 후다닥 2층으로 올라갔어요.

門 문 문 : 열고 닫는 '문(門)'이라는 뜻이에요.

2층엔 방이 하나 있었어요.

"맙소사. 비밀 공간이야!"

강산이는 쿵쾅쿵쾅 두근거리는 마음으로 방문門을 열었어요.

그때였어요.

"치지직 치직. 번개 원. 번개 원. 응답하라."

어디선가 굵은 목소리가 들렸어요.

"치지직 치직. 여기는 번개 원. 번개 투, 들리는가?"

목소리는 오래된 무전기에서 흘러나오고 있었어요.

이게 뭐지?

치지직 지직. 번개 원 응답하라

"여기는 번개 투. 출발 장소를 알려주겠다. 감나무 세 그루를 지나 파란 지붕 집 모퉁이를 돌면 회색 대大문의 2층집이 보인다.

내일 오후 3시, 그곳에서 출발한다."

大 큰 대 : 크기가 '크다(大)'는 뜻이에요.

강산이는 무전기를 들고 목소리의 정체가 누구인지 물었어요.

"아저씨들은 누구세요?"

"넌 누구냐? 이거 귀찮게 됐군."

"꼬마야! 궁금해하지 마! 우리 이야기를 절대 알려고 해선 안 돼."

번개 원과 번개 투가 무섭게 말했어요.

그리고 무전은 끊어졌어요.

강산이는 가슴이 콩닥콩닥 뛰었어요.

"난 탐정이야. 무슨 일인지 꼭 밝혀내고야 말겠어!"

강산이는 탐정수첩을 펼쳐 이렇게 적었어요.

'2층 다락방에서 오래된 무전기 발견…'

다음날 아침, 강산이는 친구들에게 무전기 이야기를 했지만 아무도 믿어주지 않았어요.

그런데 바다가 심각한 표정으로 물었어요.

"진짜야? 번개 원, 번개 투라고 했어?"

"그렇다니까! 오늘 3시에 회색 대문 2층집에서 만난다고 했어."

"흠. 번개도둑이 틀림없어! 빨리 큰별쌤한테 알려야겠어."

바다가 손목시계의 버튼을 꾹 누르자 시계 뚜껑이 열리더니 화면에 큰별쌤이 나타났어요.

"큰일났어요. 아무래도 번개도둑이 나타난 것 같아요."

바다는 방금 전 강산이에게 들은 이야기를 모두 말했어요.

"뭐라고?"

큰별쌤은 깜짝 놀라며 말을 이었어요.

"지금 당장 회색 대문 2층집으로 가봐야겠구나."

감나무 세 그루를 지나 파란 지붕 집 모퉁이를 돌아 회색 대문 2층집 앞에 도착했어요.

큰별쌤이 먼저 *빼꼼히 열린 대문 안으로 조심조심 들어갔어요.

그때 밖에서 툭툭 발소리가 들려왔어요.

"얘들아, 어서 숨어!"

강산이는 재빨리 몸을 숨기고 방문을 열어 슬쩍 엿보았어요.

검은색 망토를 두른 누군가 집 안으로 들어와 어느 문 앞에 멈춰섰어요.

✦ 얄라방방 얄라봉봉 잠긴 시간의 문아, 번개의 힘으로 열려라 번쩍번쩍! ✦

주문을 외우자 문이 열렸어요.

그들이 들어가고, 문은 스르륵 닫히더니 철컥하고 잠겼어요.

*빼꼼히 : 작은 구멍이나 틈이 나 있는 걸 뜻해요.

*역사 : 과거에 일어난 일들을 적어 놓은 기록을 말해요.

검은 망토를 두른 그들은 보물을 훔쳐
*역사를 망가뜨리는 번개도둑이었어요.
큰별쌤은 오래 전부터 번개도둑을 쫓고 있었죠.
"번개도둑은 재빠르고 비밀스러워. 머리부터
발끝까지 꽁꽁 싸매 모습을 감추고 있거든."

"번개도둑이 역사를
망치게 두어선 안 돼.
우리도 뒤따라가자."

큰별쌤은 번개도둑이 들어간 문 앞에 서서 주문을 외웠어요.

문 안의 세계는 지금으로부터 아주 아주 먼 옛날,
구석기 시대로 이어져 있었어요.

구석기 시대

"여기가 어디에요? 어떻게 번개도둑을 찾죠?"

바다는 울상이 됐어요.

"여긴 구석기 시대란다. 두 발로 걷는 사람이 처음 나타난 시기지."

큰별쌤이 대답했어요.

"그런데 여기에 무슨 보물이 있어요?"

강산이가 두리번거리며 물었어요.

"불, 주먹도끼 같은 보물이 있어. 번개도둑은 틀림없이 이것들을 훔치려 할 거야."

큰별★쌤 이야기

구석기 시대로 온 번개도둑은 분명 이 보물들을 훔치려 할 거야. 잘 들어보렴.

보물 1 불

구석기 시대 사람들은 동굴에서 살았어.

배가 고플 때는 동굴 주위에 있는 숲에서 열매를 따 먹었지.

돌을 던져 짐승을 사냥하거나 강이나 바다에서 물고기를 잡기도 했어.

그러던 어느 날, 구석기 시대 사람들이 불을 발견한 거야.

처음에는 뜨겁고 무서웠을 거야.

불에 살짝 구운 물고기를 맛보기 전까진 말이야.

보물 2 — 주먹도끼

구석기 시대 사람들은 돌멩이를 주워서
깨뜨리거나 떼어서 도구를 만들어 썼어.
이 돌 도구들을 뗀석기라고 해.
'큰 돌에서 떼어낸 조각으로 만든 도구'
라는 뜻이지.

번개도둑이 가장 탐내는 보물은 주먹에 꼬옥 쥐고
쓸 수 있는 뗀석기인 주먹도끼란다. 주먹도끼는 칼처럼 찢고 자르고 찍고,
호미처럼 땅을 팔 수도 있어. 한마디로 만능 도구지.

'빌렌도르프의 비너스'란 조각상을 만드는 데 쓴 주먹도끼가 단단하다고
들었어. 조각상의 이름이 어려워서 번개도둑도 쉽게 찾지 못할거야.
우리가 먼저 찾아보자.

"너희들 덕분에 구석기 시대의 보물들을 지킬 수 있었어!"

큰별쌤이 강산이와 바다를 칭찬했어요. 두 아이는 서로 마주보고 빙긋 웃었어요.

하지만 여기서 멈출 번개도둑이 아니죠.

번쩍! 하늘에서 번개가 내리치자 번개도둑은 두 팔을 벌리고 주문을 외웠어요.

✨얄라방방 얄라봉봉 잠긴 시간의 문아, 번개의 힘으로 열려라 번쩍번쩍!✨

동굴 벽 위에 커다란 구멍이 생기자 번개도둑은 재빨리 그 안으로 쑤욱 들어갔어요.

대체 어디로 간 걸까요?

신석기 시대

번개도둑을 따라 시간의 문을
통과하니 다음 시대가 시작됐어요.
앗! 신석기 시대예요!

"신석기 시대는 구석기 시대처럼 돌멩이의 시대란다."
주위를 둘러보던 큰별쌤이 말했어요.
"그럼 왜 구석기, 신석기로 따로 따로 나눈 거예요?"
강산이가 물었어요.
"구석기 시대에는 돌끼리 부딪쳐서 조각을 떼어낸 뗀석기를 썼어.
신석기 시대에는 울퉁불퉁한 면을 갈아서 만든 간석기가 등장하지.
반질반질 매끄럽게 갈아 만든 새로운 돌 도구를 썼다 해서 신석기."

큰별★쌤 추리

번개도둑이 신석기 시대의 보물을 훔치려고 함정을 만들어 놓았구나. 번개도둑이 엉뚱한 보물을 가져다 놓았어.

보물 1 가락바퀴

신석기 시대 사람들은 활동하기 편한 옷을 지어 입기 시작했단다.

동물 가죽을 그냥 걸치는 게 아니라 몸에 착착 딱맞는 옷을 입은 거지.

가죽 조각을 연결할 수 있는 뼈바늘과 실은 그렇게 탄생한 거야!

실은 어떻게 만들었냐고?

가락바퀴라는 놀라운 발명품 덕분이었지.

번개도둑이 아주 탐낼 만해!

난 구석기 사람!

난 신석기 사람!

가락이라 부르는 막대기에 식물을 감고 가락바퀴의 구멍에 넣고 돌리면….

꽈배기처럼 서로 꼬이면서 실이 만들어지네.

털뭉치를 이렇게 해서 실을 뽑는 거지.

가락 →
바퀴 →

보물 2 빗살무늬 토기

土 흙 토 : 토기의 '토'는 '흙(土)'이라는 뜻이에요.

신석기 시대부터 사람들은 농사를 짓기 시작했지.

그러면서 음식을 만들거나 담는 데 쓸 그릇이 필요해 진거야.

그래서 만든 게 바로 흙으로 만든 토土기란다.

빗살무늬 토기는 머리빗의 살처럼 가는 선이 촘촘히 새겨진 그릇이지.

 밑바닥이 뾰족뾰족해서 그릇이 넘어질 거 같아.
 모래에 묻으면 세워질거야.
 강가나 바닷가 근처에 살면서 모래 바닥에 푹 꽂아두고 썼어.

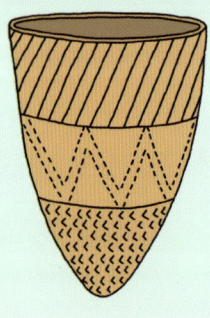

보물 3 움집

구석기 시대 사람들은 동굴이나 바위 아래에서 지냈지만,

신석기 시대 사람들은 농사를 짓는 밭 근처에서 살았어.

밭을 지키고 돌보려면 비나 바람을 피해야 했겠지?

그래서 집을 지어야겠다는 생각을 하게 됐어. 이 집의 이름은 움집!

어떻게 만들었냐고? 땅을 파서 집터를 다지고 기둥을 세운 다음,

지붕을 덮으면 끝!

엉뚱한 물건들을 모두 찾은 큰별쌤은 큰 소리로 하하! 웃었어요.

그러자 큰별쌤 옷에 그려진 노란별에서 환한 빛이 쏟아져 나왔고, 번개도둑은 별빛을 피해 달아나기 시작했어요.

번쩍! 하늘에서 번개가 내리치자 번개도둑은 주문을 외웠어요.

✨ 얄라방방 얄라봉봉 잠긴 시간의 문아, 번개의 힘으로 열려라 번쩍번쩍! ✨

벽에 커다란 구멍이 생기자 번개도둑은 구멍 안으로 쏙 들어갔어요.

큰별쌤과 강산이, 바다, 핑이도 뒤쫓았어요.

이번엔 어떤 시대로 가게 될까요?

청동기 시대

*부족 : 조상, 말, 종교 등이 같은 사람들이 한 곳에 모여 사는 옛날의 작은 사회를 뜻해요.

"너흰 누구냐? 설마 호랑이 *부족은 아니겠지?"

"아무래도 여긴 청동기 시대 같구나."

큰별쌤이 작은 목소리로 중얼거리더니 남자들을 향해 소리쳤어요.

"우리는 하늘을 믿는 환웅족이랑 친구야!"

"환웅족의 친구? 그럼 우리와도 친구잖아!"

곰 가죽을 두른 남자들은 그제야 껄껄 웃었어요.

"친구들이여, 고조선에 온 것을 환영한다!"

"단군 할아버지의 고조선 말이에요?"

얼떨떨한 표정의 바다와 강산이를 향해 큰별쌤은 이야기를 이어갔어요.

하늘의 아들이었던 환웅은 비와 바람과 구름을 다스리는 신하들과 함께 땅으로 내려왔단다.

하루는 환웅에게 곰과 호랑이가 찾아와 사람이 되게 해 달라고 빌었지.

환웅은 100일 동안 쑥과 마늘만 먹으면서 햇빛을 보지 않으면 사람이 될 수 있다고 말해주었어.

호랑이는 이를 참지 못하고 뛰쳐나갔으나 곰은 잘 참고 견뎌 아름다운 여인이 된 거야.

여인으로 변한 곰은 환웅과 결혼해 아들을 낳았는데, 그가 바로 단군이지.

단군의 나라, 우리 역사의 첫 국國가인 고조선이 드디어 시작된 거야!

國 나라 국 : 국가의 '국'은 '나라(國)'라는 뜻이에요.

큰별★쌤 추리

보물이 가득한 청동기 시대야. 번개도둑이 노리는 건 그 중에서도 강력한 힘을 가진 보물일거야.

> 靑 푸를 청 : 청동기의 '청'은 '푸른(靑)'이라는 뜻이에요. 청동 색깔이 푸른색이거든요.

보물 1 ─ 비파형 동검

청동기 시대에는 땅 속에 있는 금속을 녹여 '청靑동'을 만들었어. 청동으로 칼, 창 같은 무기나 거울도 만들 수 있게 되었지. 대표적인 무기가 비파형 동검이란다. 상대에게 큰 상처를 입히기 위해 가운데를 튀어나오게 만든 거지. 조심해야 해!

 저 사람은 목걸이를 걸고 있네요?

 저건 청동 거울이란다. 뜨거운 불에 녹여서 만드는 청동은 아주 귀해서 아무나 가질 수 없었어. 신분이 높은 사람, 부자들만 가질 수 있었지.

*계급: 사회나 단체 안에서 한 사람이 갖는 위치의 단계예요.

보물 2 고인돌

청동기 시대에는 농사짓는 기술이 발달하였어.

모두가 배불리 먹고도 곡식이 남자 사람들은 욕심을 부리기 시작했지.

더 많이 가지려고 싸우기도 하고 말이야.

싸움에서 이긴 사람과 진 사람이 생기면서 *계급이 나타났어.

청동기 시대부터 다스리는 사람과 다스림을 받는 사람이 생겨난 거지.

고인돌은 엄청나게 큰 돌로 만든 무덤이야.

무거운 돌을 나르기 위해서는 많은 사람들이 힘을 모아야 했겠지?

그러니 고인돌을 부족을 다스리는 힘쎈 사람의 무덤으로 볼 수 있는 거고.

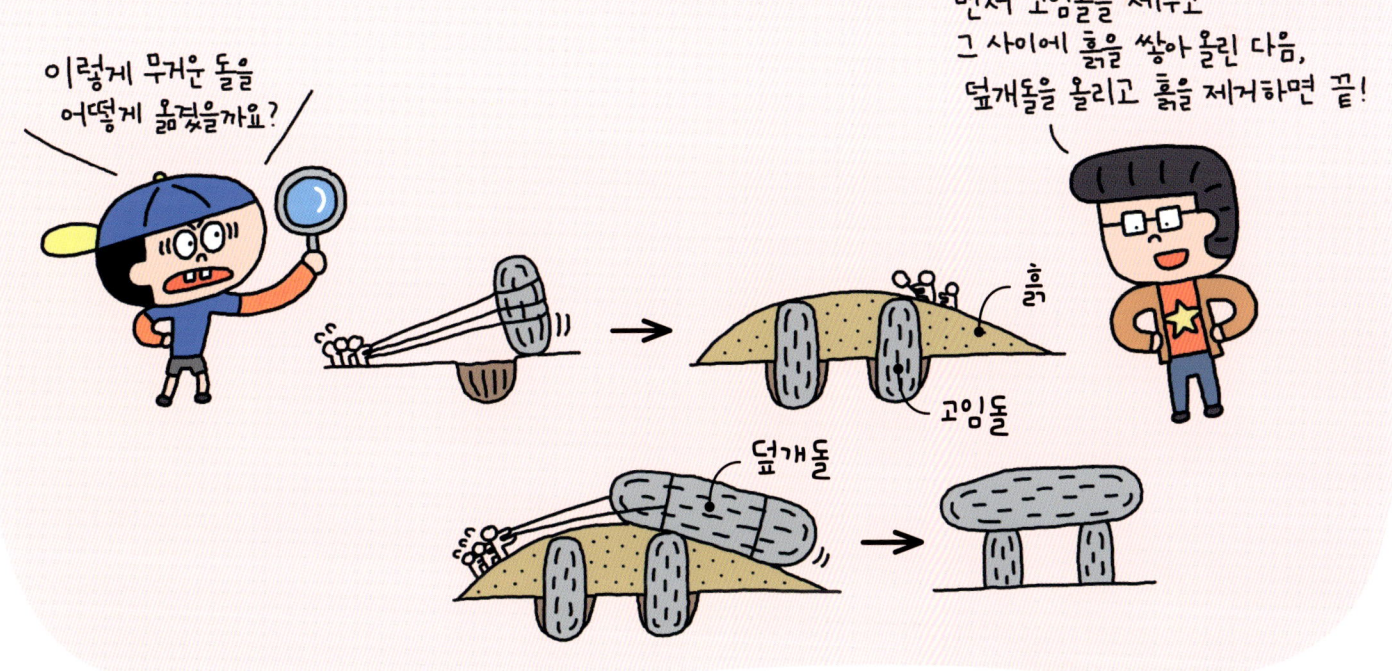

암호풀기

핑이는 땅바닥에 떨어진 종이를 주웠어요. 종이에는 번개도둑이 남긴 암호가 적혀 있었죠. 암호를 다 풀었다면 보물이 그려진 카드를 찾아 카드판에 올려주세요. 보물을 지키려면 번개도둑보다 빨리 암호를 풀어야만 해요.

번개도둑들이 훔치고 싶은 청동기 보물들

 번개 원: 12, 34, 56, 36, 14

 번개 투: 32, 54, 76

	1	3	5	7
2	비	고	단	왕
4	검	파	인	칼
6	군	동	형	돌

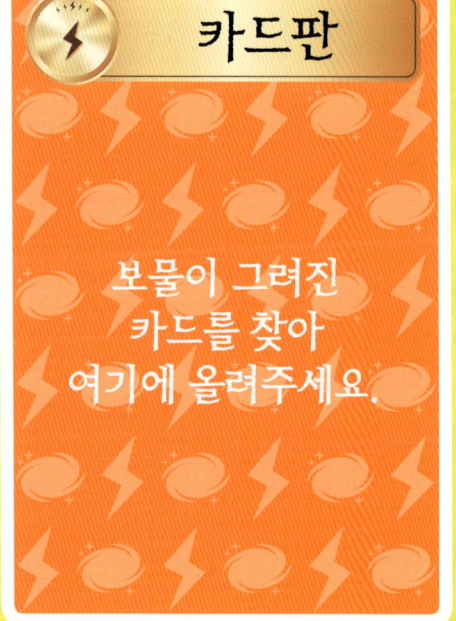

청동기 시대의 보물인 비파형 동검을 훔쳐 달아나던 번개도둑을 향해 핑이가 펄쩍 뛰어 매달렸어요. 그러자 번개도둑이 깜짝 놀라 보물 주머니를 휙 던지고 도망치기 시작했어요.

"어라, 겨우 강아지를 무서워했던 거야?"

"아마도 번개도둑은 정체를 들키는 것보다 보물을 포기하는 게 낫다고 생각했을 것 같아."

강산이의 말에 큰별쌤이 말했어요.

바로 그때 하늘에서 번쩍! 번개가 쳤어요.

"얼른 쫓아가요! 번개도둑이 또 도망을 갈 거예요!"

바다가 외치자 모두 힘차게 달리기 시작했어요.

철기 시대

번개도둑을 따라 이동한 다음 시대는 바로 철기 시대예요.

"청동기 시대와 철기 시대는 어떤 점이 다를까?"

철기 시대를 둘러본 큰별쌤이 물었어요.

"청동기 시대가 청동을 사용한 거니까 철기 시대는 철을 사용한 게 아닐까요?"

바다가 어깨를 으쓱 올리며 말했어요.

"바로 그거야. 청동은 구하기가 어렵고 신분이 높은 사람이나 부자만 사용할 수 있었지만 철은 널리 사용되었어. 청동보다 단단하고 날카롭게 만들 수 있어 농기구까지 철로 만들게 되었지."

큰별★쌤 추리

번개도둑이 훔쳐가고 싶어하는 철기 시대의 보물이 무엇일지 추리해 보자.

*유물: 조상들이 남긴 물건을 뜻해요.

보물 1  세형동검

철기 시대가 되었다고 청동기 시대가 갑자기 뚝 끊긴 건 아니야. 철기 시대에도 청동기 *유물들이 발견된단다. 대표적인 유물이 세형동검이야. 세형동검은 비파형 동검보다 날렵하게 생겼지.

中 가운데 중: 중국의 '중'은 '가운데(中)'라는 뜻이에요.

보물 2  명도전

철기 시대에는 이웃 나라인 중中국과 서로 오고 가며 물건을 사고 팔았어. 우리 땅에서 많이 나는 물건을 중국에 가져다 팔고, 중국 땅에서 많이 나는 물건을 사왔어. 이때 사용한 돈이 명도전이란다. 생김새가 아주 특이하지.

퀴즈 대결

번개도둑들이 퀴즈 대결을 하자고 해요. 주머니 속에 숨긴 보물을 맞히면 우리에게 돌려주겠다네요. 보물이 그려진 카드를 찾아 카드판에 올려 주세요. 번개가 치기 전까지 끝내야 해요.

번개 원: 나는 이제 부자가 됐어. 돈을 훔쳤거든. 철기 시대에는 이것만 있으면 뭐든 살 수 있어.

번개 투: 나는 날카로운 칼날을 가진 동검을 훔쳤어. 이제 내 힘이 제일 강해. 모두 나를 따르라~

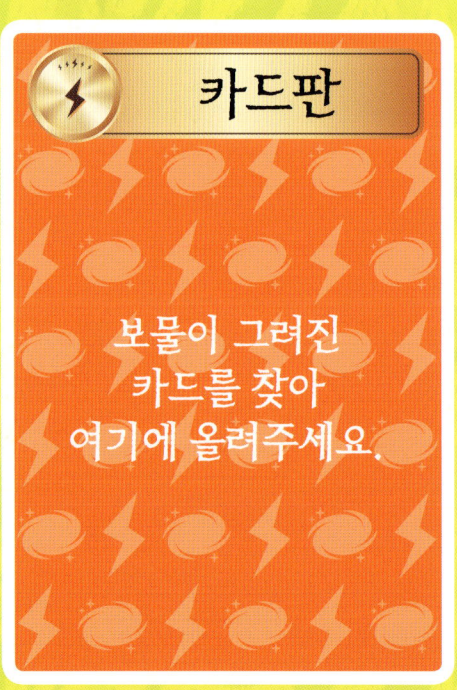
보물이 그려진 카드를 찾아 여기에 올려주세요.

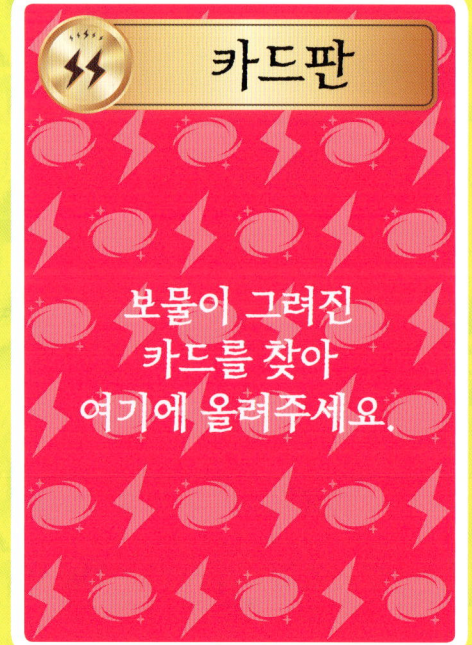
보물이 그려진 카드를 찾아 여기에 올려주세요.

번개도둑은 주머니 속에 몰래 숨긴 명도전과 세형동검을 돌려주었어요.

당황한 번개도둑은 다시 주문을 외우고 도망치려고 했어요.

바로 그때!

핑이가 번개도둑을 향해 달려갔어요.

그러고는 번개도둑의 모자를 확 벗겼어요!

강산이는 얼른 탐정수첩에 번개도둑의 머리 모양을 그렸어요.

"색깔은 붉은 갈색이었어.

 뽀글뽀글 잔뜩 엉켜 있는 파마머리였고."

"아깝다. 때마침 번개만 치지 않았더라면 마스크와 선글라스까지 벗길 수

 있었는데 말이야."

"하하! 그래도 아주 잘했다.

 구석기 시대부터 철기 시대까지 보물을 모두 지켜냈잖니.

 번개도둑의 모습도 조금은 밝혀냈고 말이야."

큰별쌤은 바다와 강산이, 핑이를 칭찬했어요.

정체를 밝힐 수 있었는데…

*약점: 모자란 점, 남보다 뒤떨어진 점을 뜻해요.

강산이는 탐정수첩에 번개도둑의 특징을 적었어요.

"번개도둑에게는 약점이 있어요. 정체를 들키는 걸 두려워해요. 핑이가 달려들자 보물을 두고 달아났으니까요."

"또 큰별쌤의 웃음소리!"

바다도 덧붙였어요.

"하하! 이거 말이니?"

"큰별쌤이 웃을 때마다 티셔츠의 노란별에서 환한 빛이 나오잖아요. 그걸 아주 무서워하는 것 같아요."

특징 1. 번개도둑은 번개가 칠 때마다 도망을 친다.
특징 2. 번개가 치면 시간의 문이 열렸다.
특징 3. 시대 순으로 순간 이동
구석기 → 신석기 → 청동기 → 철기

三 석(셋) 삼 : 삼국 시대의 '삼'은 '셋(三)'이라는 뜻이에요.

"그런데 번개도둑은 어디로 도망갔을까요?"

바다가 진지한 표정으로 물었어요.

"아마도 삼三국 시대일 거야.

고조선이 무너지고 여러 나라들이 생겨나게 돼.

시간이 흐른 뒤 다시 고구려, 백제, 신라의 세 나라로 발전하게 되지.

세 나라는 재미있는 신화와 생활 모습, 놀라운 문화를 가지고 있고 우리 역사에서 중요한 역할을 하고 있어.

번개도둑들이 고구려, 백제, 신라의 보물들을 가만 둘 리가 없어."

"그럼 어서 출발해요!"

"잠깐 얘들아. 아직 시간이 좀 있으니 우리 맛있는 거라도 좀 먹고 가면 어떨까? 구석기인들이 작살로 잡은 물고기에 신석기인들이 막 사냥한 고기 바베큐, 그리고 청동기인들이 지은 쌀밥을 먹으면 정말 맛있을 것 같지 않니?"

"좋아요, 선생님. 그럼 우리 구석기부터 신석기, 청동기 시대까지 음식을 맛보는 거네요?"

"우와! 친구들한테 자랑해야지."

바다와 강산이가 활짝 웃었어요.

"그럼 맛있게 먹고 다시 번개도둑 뒤를 따라가 보자!"

다음 번 시간 여행에서도 번개도둑을 이길 수 있겠죠?

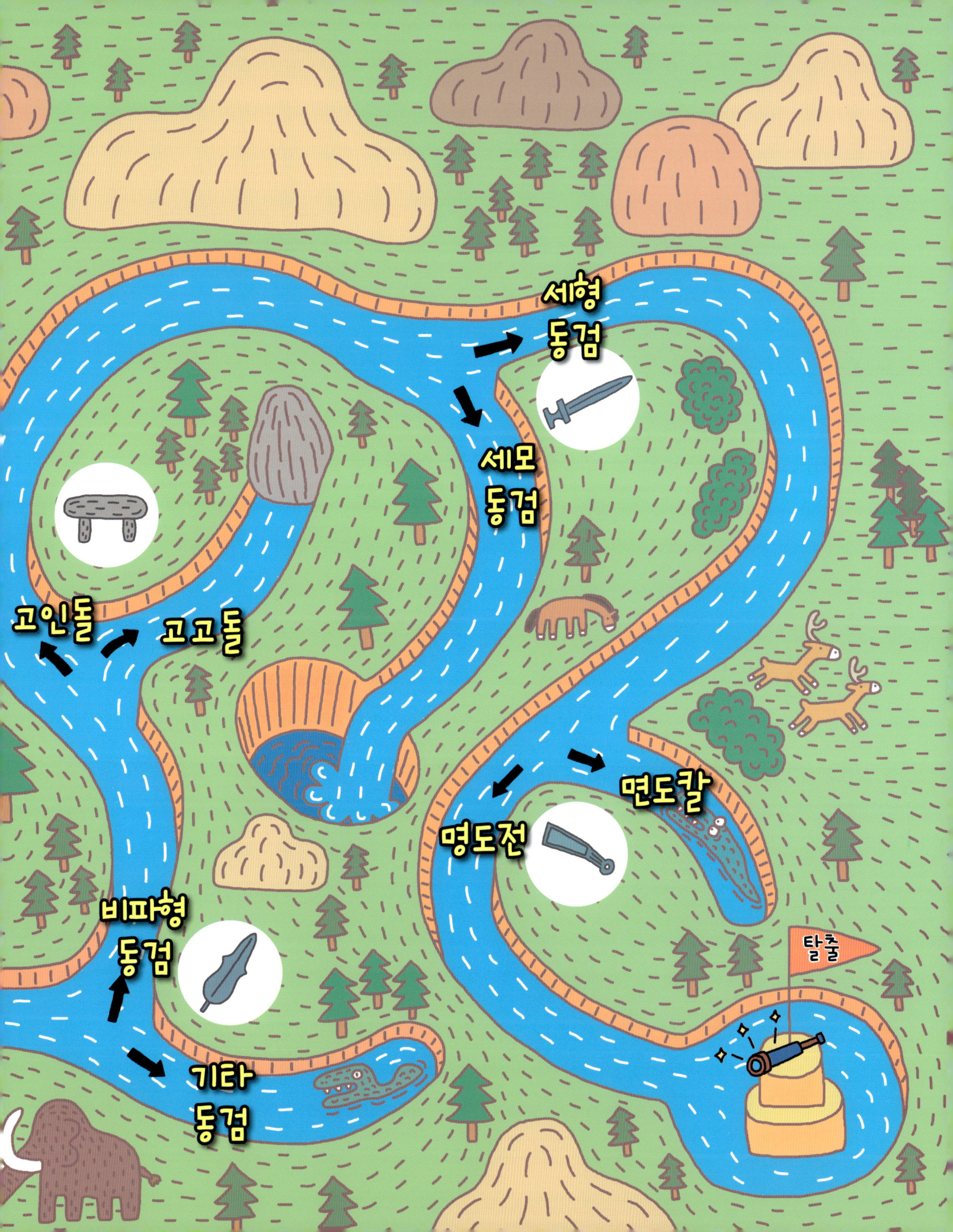

큰별쌤과 강산이, 바다, 핑이는 정답을 모두 맞혀 무사히 미로를 빠져나올 수 있었어요.

그리고 탈출 성공 선물로 망원경을 얻었어요.

큰별쌤이 환하게 웃으며 말했어요.

"아마도 이 망원경은 다음 시간 여행지에서 번개도둑으로부터 보물을 지키는 데 도움이 될 물건이겠구나. 잘 챙겨두렴."

그나저나 번개도둑은 대체 어디로 간 걸까요?

어느 시대로 가서 역사를 망쳐볼까나.

〈못말리는 한국사 수호대〉의 두 번째 시간 여행을 기대해 주세요.
아참, 보물 카드는 버리지 말고 간직해 주세요.
언젠가 꼭 필요한 순간이 올지도 모르니까요.

하하
방어력: ⚡⚡⚡ 지속력: ⚡

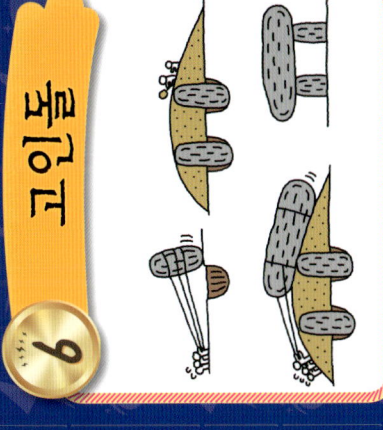

6 고인돌
청동기 시대
여러 사람들의 힘을 모아 만든 힘 있는 지배자의 무덤이에요.

1 세형동검
철기 시대
비파형 동검보다 좀 더 나중에 만들어졌어요. 가늘고 단단해요.

7 비파형 동검
청동기 시대
청동으로 만든 검이에요. 비파라는 악기랑 닮았어요.

3 명도전
철기 시대
이웃 나라 중국과 물건을 사고 팔 때 사용한 철로 만든 중국 화폐예요.

5 빗살무늬 토기
신석기 시대
머리빗의 살처럼 가는 선들이 새겨져 있어요.

보물 카드

4 주먹도끼
구석기 시대
돌의 양끝을 날카롭게 만들어 손에 쥐고 쓰는 만능 도구랍니다.

8 단군왕검
청동기 시대
우리나라 최초의 국가인 고조선을 세웠어요.

우리 아이 궁금증 해결을 위한
친절한 가이드

우리 아이에게 **우리 역사**를
먼저 만나게 해준 어머님들. 고맙습니다.
우리 아이가 책을 읽다가, 그림을 보다가 엄마에게
질문하더라도 당황하지 마세요.
엄마를 위한 **학습 가이드**를 준비했어요.
엄마가 먼저 읽으시고 우리 아이에게
엄마의 목소리로 친절하게 설명해 주세요.
아이의 **역사적 상상력**이 쑥쑥 자라날 수 있도록
격려해 주세요.

 큰★별쌤이 엄마에게

　선사 시대 사람들의 이미지는 어떤가요? 한번 떠올려보세요.
　'우가우가' 소리를 내며 돌멩이 하나 들고 우르르 몰려다니면서 동물을 사냥하는 그런 모습이 떠올려지지 않으시나요? 어쩌면 지금 우리의 모습과 비교했을 때 미개하다고 생각하실 수도 있겠습니다. 하지만 구석기인들은 어떤 면에서는 지금 스마트폰을 손에 쥐고 있는 우리보다 더 뛰어난 능력을 가진 전문가들이었습니다.

　주먹도끼는 구석기인들의 대표적인 도구입니다. 구석기인들은 이 주먹도끼를 가지고 사냥도 하고, 땅도 파고, 가죽을 벗겼습니다. 주먹도끼는 지금으로 치면 스위스 칼 같은 만능 도구라고 할 수 있습니다. 돌멩이 전문가였던 구석기인들에게 주먹도끼는 그들이 살던 환경에서 만들 수 있는 가장 최첨단의 도구였습니다.

그들은 채집 전문가이기도 했습니다. 혹시 산이나 들판에 자라고 있는 풀 중 어떤 것이 먹을 수 있는 풀인지, 독이 있는 풀인지 구분하실 수 있으신가요? 어떤 곳에서 고사리가 잘 자라는 지 아시나요? 아마 거의 없으실 겁니다. 하지만 구석기인들은 사냥으로는 턱없이 부족한 식량을 얻기 위해 채집 활동을 해야 했습니다. 땅에 자라는 풀이나 뿌리, 나무에 자라는 열매 중 어떤 것이 이로운지 해로운지에 대한 지식은 아마 구석기인들이 지금의 우리보다 해박했을 것입니다.

　자, 이처럼 아주 먼 역사 속에 살았던 사람이라고 미개하다고 생각할 것이 아니라 그들의 입장에서 한번 생각해보신다면 그들도 생존을 위해 치열하게 고민하고 더 나은 삶을 살기 위해 노력했던 사람들이구나 하는 생각이 드실 겁니다.

　역사는 바로 이런 것이에요. 사람을 만나는 것, 그들과 소통하면서 앞으로 내가 어떻게 살아야 할지 고민해보는 것. 그것이 바로 역사를 배우는 이유라고 생각합니다. 어머니들께서도 이런 생각을 가지고 아이들이 역사를 접할 수 있도록 하신다면 우리 아이들이 건강하게 자랄 수 있는 힘을 만들어 주시는 겁니다.

구석기 시대

본격적으로 선사 시대 이야기를 시작해보겠습니다.

선사 시대를 이야기할 때 우리는 사용했던 도구에 따라 크게 네 시기로 나눕니다.

구석기, 신석기, 청동기, 철기. 돌을 도구로 사용했던 석기 시대는 구석기 시대와 신석기 시대로 구분하는데요. 구석기 시대의 구舊는 옛날 돌멩이 시대, 신석기 시대의 신新은 새로운 돌멩이 시대가 되는 것입니다.

우리나라의 구석기 시대는 약 70만 년 전부터 시작됩니다.

구석기 시대 사람들은 무엇을 먹고 살았을까요? 주변에 있는 풀이나 뿌리, 열매 등을 따먹거나 동물을 사냥해 먹었습니다. 옷은 동물의 가죽을 벗겨 둘렀을 거고요.

집은요? 구석기인들은 채집 생활을 하며 먹고 살았기 때문에 먹을 것을 찾아 이동하며 생활했어요. 그래서 번듯한 집을 짓지 않았고, 동굴이나 막집에서 생활을 했어요.

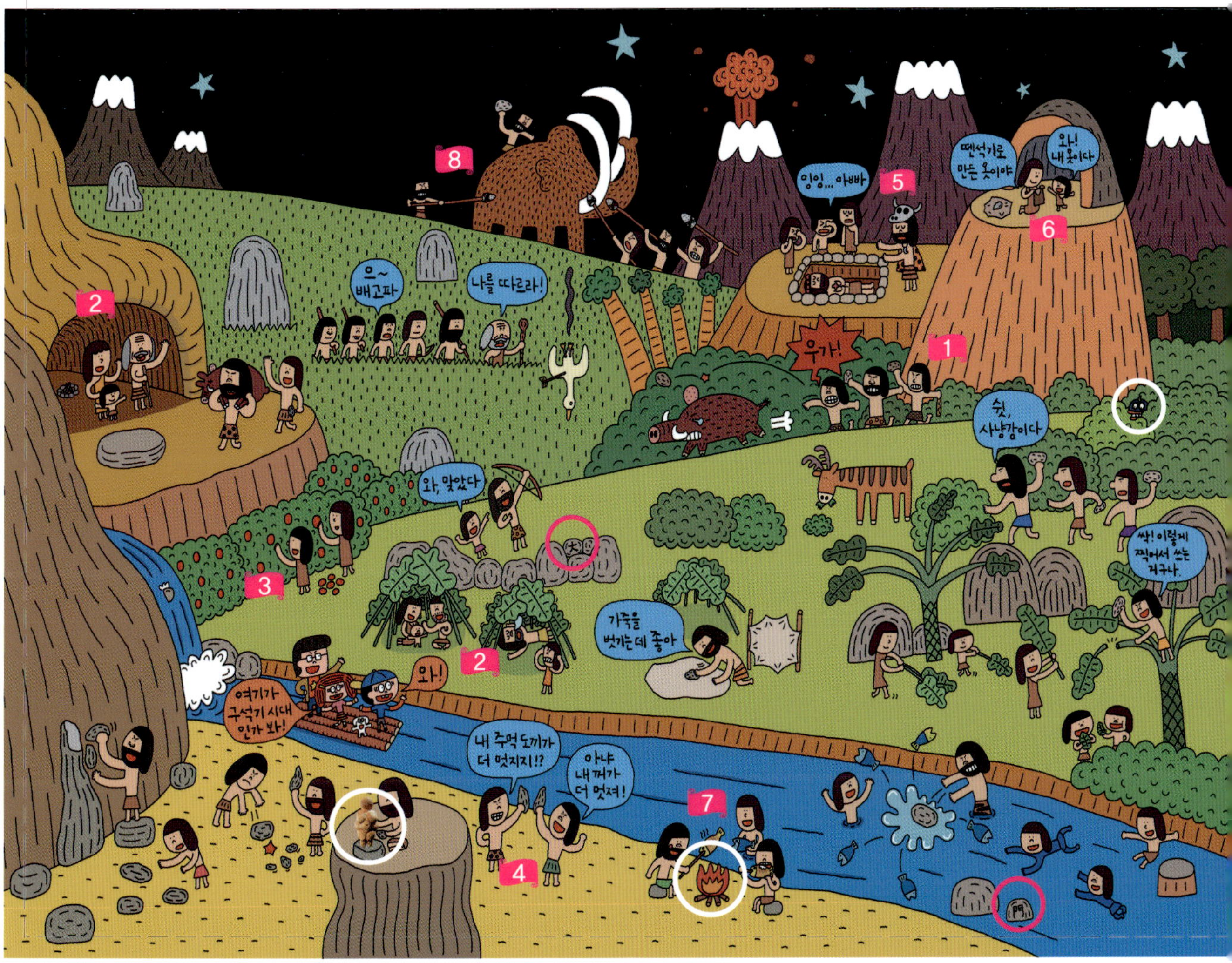

이러한 의식주 해결을 위한 도구로 무엇을 사용했을까요?

이들은 돌멩이를 깨뜨려 원하는 모양으로 도구를 만들어 사용했습니다.

뗀석기라고 하는데요. 대표적인 것으로 주먹도끼가 있습니다.

자, 그런데 구석기 후기에 기후에 큰 변화가 일어나요. 간빙기가 되면서 날씨가 따뜻해져요. 빙하가 녹아 해수면이 올라갑니다. 이렇게 되면서 생활 모습에도 변화가 생깁니다.

이제 신석기 시대로 접어들게 되는거죠.

 구석기 시대

1. 구석기 시대 사람들은 결코 동물보다 강하지 않았어. 그리고 덩치가 큰 동물들이 많았기 때문에 혼자서는 사냥하기 어려웠단다. 여럿이 모여 힘을 합쳐 사냥을 해야 했지.

2. 주변에 먹을 것이 떨어지면 먹을 것을 찾아 이동해야 했기 때문에 동굴이나 막집에서 살았어.

3. 구석기 시대 사람들은 사냥도 했지만 주로 나무 열매나 풀뿌리 같은 것을 따서 먹었단다.

4. 주먹도끼는 구석기 시대의 만능 도구였어. 찍고, 자르고, 문지르고 하는 다양한 쓰임새가 있었지.

5. 구석기 시대 사람들에게는 특별한 장례 풍습이 있었어. 죽은 사람을 반듯하게 뉘이고 고운 흙을 뿌린 다음 그 주변에는 꽃을 꺾어 뿌려두기도 했단다.

6. 구석기 시대 사람들은 동물의 가죽을 벗겨 옷으로 걸치고 다녔단다.

7. 구석기 후기부터 불을 사용하게 되었어. 처음에는 자연에서 생긴 불을 가져다가 쓰다가 나중에는 인간 스스로 불을 붙일 수 있게 되었어. 불을 사용해서 동굴을 따뜻하게 할 수도 있고, 무서운 동물에게 불로 겁을 줘 다가오지 못하게 할 수도 있고, 음식을 익혀서 먹을 수도 있었지.

8. 먹을 것이 풍부하지 않았던 시기였기 때문에 모두가 힘을 합쳐 먹을 것을 구해야 겨우 먹고 살 수 있었어. 그래서 모두가 평등한 사회였단다.

신석기 시대의 생활 모습은 어땠을까요?

강가나 바다에는 물고기와 조개가 풍부하게 있었을 겁니다. 이 풍부한 먹을거리를 찾아 신석기인들은 강가나 바닷가에서 생활하게 됩니다. 그러던 중 씨를 뿌려 가꾸면 나중에 곡식으로 자라게 된다는 사실을 깨닫게 되죠. 농사를 짓게 됩니다. 농사! 이제 자연에 순응하면서 살던 인간이 적극적으로 자연을 이용하면서 살기 시작하게 되는 거죠. 농사를 짓기는 했지만 아주 풍부하진 않았습니다. 농사와 더불어 물고기 잡이, 사냥, 채집을 해야만 먹고 살 수 있었어요. 신석기인들이 가장 많이 먹었던 열매가 무엇인 줄 아세요? 바로 도토리랍니다.

그럼 집은 어땠을까요? 농작물을 거두려면 한자리에 오래 머물러야겠죠? 정착 생활이 시작됩니다. 정착 생활이 시작되면서 번듯한 집이 필요했어요. 구덩이를 파고 서까래를 얹고 식물 줄기를 얹어 집을 만듭니다. '구덩이 움을 파서 지은 집'이라고 해서 움집이라고 합니다.

정착 생활을 하게 되니 산에서 내려온 동물을 길들여 가축으로 기르기도 합니다.

   그럼 옷은 어땠을까요? 가락바퀴로 실을 만들고 뼈바늘로 옷을 꿰매 입습니다. 좀 더 패셔니스타가 되었겠죠?

   신석기 시대 사람들은 돌을 갈아서 원하는 모양으로 만드는 간석기를 사용합니다. 보다 정교하고 날카로운 석기를 만들 수 있었겠죠? 그리고 농사를 지어 곡식을 얻게 되면 곡식을 어딘가에 보관해야 하잖아요. 씨앗도 잘 보관해야 내년에 다시 심을 수 있고요. 그럼 무엇이 필요할까요? 맞습니다. 바로 그릇이 필요하겠지요? 이때부터 토기를 만들어 쓰게 되는데, 대표적으로 빗살무늬 토기가 있습니다. 빗살무늬 토기의 밑이 뾰족한 것은 강가나 바닷가의 모래에 꽂아 쓰기 편리하도록 만들었기 때문입니다.

 ## 신석기 시대

1. 날씨가 따뜻해지면서 강가나 바다의 물이 불어나고 물고기와 조개 등이 많이 생겨났어. 그래서 사람들은 먹을 것을 구하기 쉬운 강가나 바닷가에 모여 살게 되었지.

2. 곡식을 저장하기 위해 토기를 만들어 쓰기 시작했단다. 강가나 바닷가의 모래에 푹 꽂아놓기 편하도록 밑을 뾰족하게 만들었지.

3. 농사를 짓게 되면서 자연 현상에 대한 관심이 많아졌어. 그래서 신앙이 생겨나게 되었단다.

4. 신석기 시대에는 구석기 시대와 달리 옷을 직접 지어 입기 시작했어. 동물의 뼈로 바늘을 만들고, 가락바퀴로 실을 만들어 옷을 지어 입었지.

5. 산에서 내려온 짐승들을 잡아서 길들인 후 가축으로 길렀어.

6. 동물의 뼈로 만든 낚시 바늘로 낚시를 하거나, 그물로 고기를 잡기도 했단다.

7. 갈돌과 갈판은 지금의 믹서기와 비슷해. 도토리 같은 나무 열매의 껍질을 벗기거나 갈아서 먹었단다.

구석기, 신석기 시대는 평등한 사회였어요. 사냥을 하기 위해서는 모두가 힘을 합쳐야 했죠. 배고픈 평등 사회. 그것이 구석기와 신석기 시대입니다.

그러다가 청동기 시대가 되면 농사짓는 기술이 발달하게 되고, 먹고 남은 생산물이 생기게 됩니다. 그리고 어떤 지역은 농사가 잘되는 반면, 어떤 지역은 열심히 해도 땅이 척박해서 농사가 잘 안지어지죠. 먹고 남은 생산물을 차지하기 위해, 보다 살기 좋은 터전을 차지하기 위해 싸움이 벌어집니다. 드디어 인간과 인간 사이에 전쟁이 시작된 것입니다. 싸움에서 이긴 자는 지배자가 되었겠죠? 계급이 발생하게 됩니다. 싸움을 잘하는 사람, 힘이 센 사람이 부족의 중심이 되어 다른 부족을 정복하게 됩니다. 그렇게 점점 부족이 커지게 되면서 나라가 생기는 것입니다.

도구에도 변화가 생깁니다. 불을 다루는 기술이 점점 발전하여 땅속에 있는 금속을 녹여서

쓸 수 있게 된 것이지요. 그래서 땅속에 있는 구리, 주석, 아연을 녹여 청동을 만들어 냅니다. 드디어 금속기를 사용하게 된 것이지요. 청동기를 만드는 구리, 주석, 아연은 비교적 낮은 온도에서 녹는 금속이지만 그 양이 많지 않고 만들기가 어려워 지배자들, 우두머리들, 힘이 센 사람들이 차지하였습니다. 또한 농기구로 쓸 만큼 단단하지도 않았어요. 그래서 청동기 시대 농기구는 여전히 석기였고요.

그렇다면 청동기는 어디에 썼냐고요? 바로 지배자를 더욱 빛나보이게 하는 무기나 의기 등으로 활용되었습니다. 상상해 보세요. 청동기 시대엔 전기도 없고 밝게 빛나는 것이라고는 태양밖에 없었을 텐데 지배자의 가슴에 청동 거울이 매달려 있는 거예요. 그 거울에 햇빛이 비추면 어떻겠어요. 가슴에서 번쩍번쩍 빛이 나면서 그 사람은 더욱 대단해 보이겠죠?

이 청동기 시대를 배경으로 우리나라 최초의 국가 '고조선'이 생기게 됩니다. 단군 신화 아시죠? "하늘에서 내려온 환웅이 쑥과 마늘을 먹고 여자로 변한 웅녀와 결혼하여 단군왕검을 낳고 그가 고조선을 세운다." 단군 신화를 통해 하늘을 믿는 부족과 곰을 숭배하는 부족이 연합하여 고조선을 세웠다는 것이나 계급 사회였다는 점, 농사를 중요시 했다는 점 등은 고조선의 사회 모습을 짐작하게 해줍니다.

⭐1 청동으로 칼이나 창 같은 무기를 만들었어.

⭐2 청동기 시대에는 벼농사가 시작되면서 농사가 더욱 발달하였지.

⭐3 농기구는 여전히 돌로 만들어 썼어. 반달돌칼은 곡식의 이삭을 자르는 도구란다.

⭐4 토기 만드는 기술이 발전해서 무늬를 넣지 않아도 단단한 토기를 만들 수 있었지. 손잡이가 있는 토기를 만들기도 했어.

⭐5 지배자들은 커다란 돌을 이용해서 지배자의 무덤인 고인돌을 만들기도 했어.

⭐6 청동기 시대에는 바위 절벽에 자신들이 바라는 것들을 그림으로 새겨놓았단다.

⭐7 청동기 문화를 바탕으로 우리나라 최초의 국가인 고조선이 생겨났어.

⭐8 고조선 건국과 관련해서는 단군 신화가 전해지고 있어.

⭐9 고조선에는 사람들이 지켜야 할 8개의 법이 있었어. 이 법에 따라 물건을 훔친 사람은 노비가 되어야 했지. 하늘에 제사를 지내기도 했어. 왕이 제사장 역할도 했단다.

고조선에 큰 변화를 주는 사건이 있는데요. 바로 위만이라는 사람이 철기 문화를 가지고 들어와 고조선의 왕이 되는 것입니다. 이제 한반도에도 철기 문화가 시작되는 것이지요.

철광석은 매장량이 아주 많다고 해요. 그런데 구리, 주석 등보다 훨씬 더 높은 온도에서 녹습니다. 불을 다루는 기술이 발달하면서 철기를 만들 수 있게 됩니다. 매장량도 많고 청동기보다 훨씬 단단하니 많은 사람들한테 보급할 수 있게 됩니다. 농기구로도 사용이 가능해진 것이지요.

단단한 철제 농기구를 사용하면서 농업 생산력이 크게 발전하게 됩니다.

또한 무기도 더욱 다양해지고, 단단해졌어요. 이러한 철제 무기를 가지고 활발한 정복 활동이 펼쳐집니다.

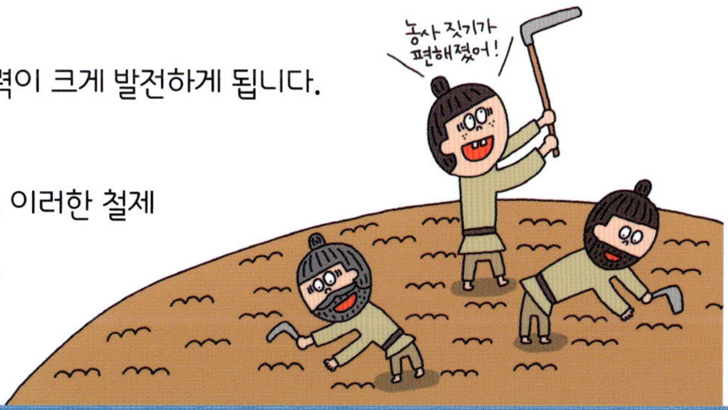

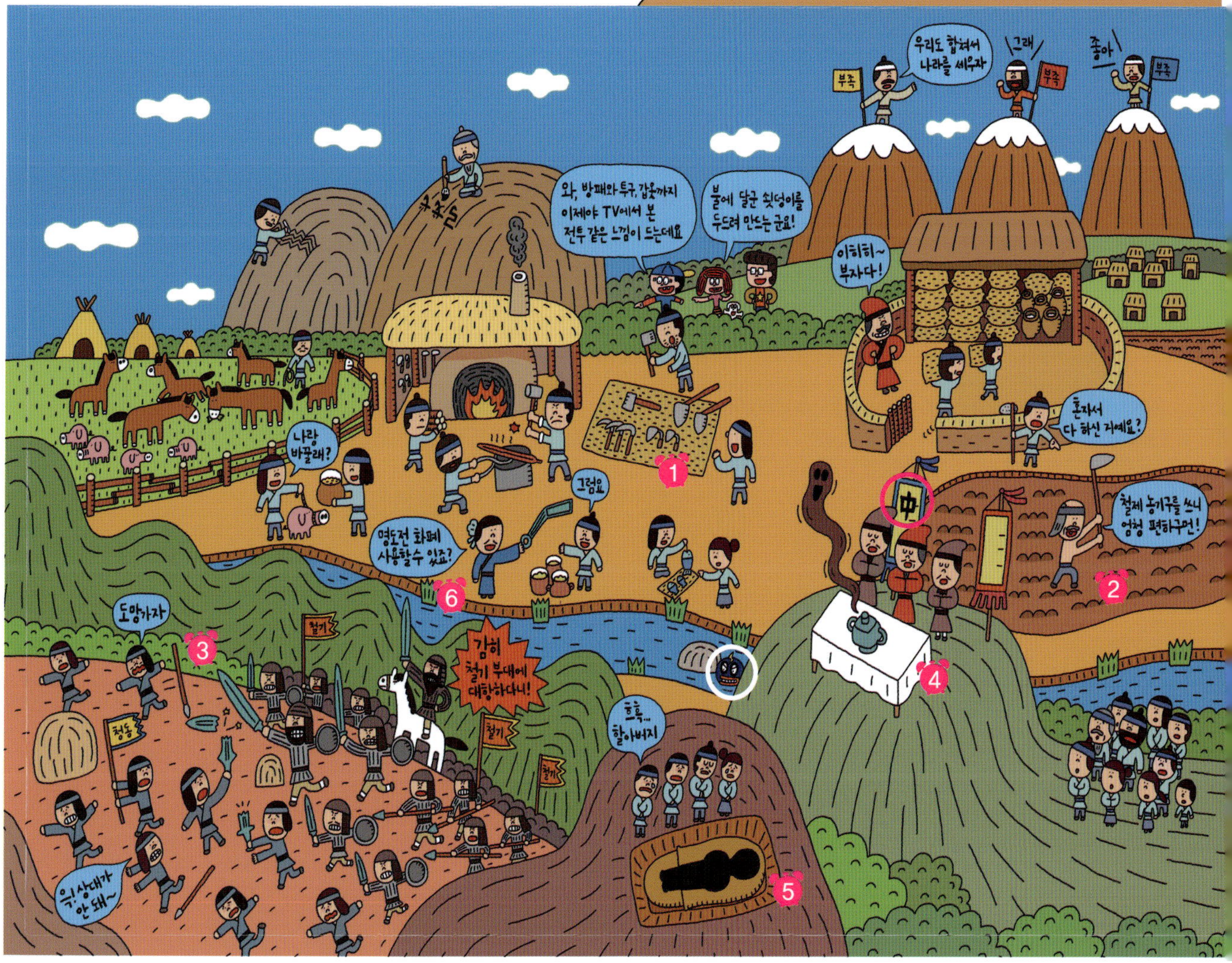

고조선은 한의 공격으로 멸망하지만 그 뒤를 이어 부여, 고구려, 옥저, 동예, 삼한 같은 여러 나라가 등장하게 됩니다. 고만고만한 여러 나라들을 통합하면서 고구려, 백제, 신라, 가야가 세워지게 되는 것이지요.

① 철은 그 양이 많고, 단단해서 무기뿐만 아니라 농기구로도 만들어 사용했어.

② 철로 된 농기구를 사용하면 땅을 더욱 깊이 팔 수 있어서 농사가 더 잘됐었지.

③ 강력한 철로 만든 무기를 가지고 전쟁을 해서 힘이 센 나라는 약한 나라를 정복하게 되었어. 그러면서 점점 나라가 커졌지.

④ 농사가 잘되길 빌며 하늘에 제사를 지내곤 했단다.

⑤ 토기로 커다란 독을 만들어서 무덤으로 쓰기도 하였어. 그래서 이 무덤을 독무덤이라고 부르지.

⑥ 이웃 나라인 중국과 물건을 사고팔기도 했어. 칼 모양으로 생긴 중국 화폐를 사용하기도 했지.

정답

정답